Klaudia mit K

AM SCHÖNSTEN SIND WIR, WENN WIR NIEMANDEM GEFALLEN WOLLEN

Klaudia mit K

AM SCHÖNSTEN SIND WIR, WENN WIR NIEMANDEM GEFALLEN WOLLEN

Dein persönliches Mutmachbuch zum Ausfüllen

mvgverlag

Bibliografische Information der Deutschen Nationalbibliothek
Die Deutsche Nationalbibliothek verzeichnet diese Publikation in der Deutschen Nationalbibliografie. Detaillierte bibliografische Daten sind im Internet über http://dnb.d-nb.de abrufbar.

Für Fragen und Anregungen
info@mvg-verlag.de

Originalausgabe
1. Auflage 2020

Nymphenburger Straße 86
D-80636 München
Tel.: 089 651285-0
Fax: 089 652096

Redaktionelle Betreuung: Swantje Steinbrink
Umschlaggestaltung: Pamela Machleidt
Umschlagabbildung: @hallofelipe
Fotos Innenteil: Klaudia mit K, @hallofelipe
Abbildungen Innenteil: shutterstock.com
Layout: Ortrud Müller, Die Büchermacher
Satz: inpunkt[w]o, Haiger (www.inpunktwo.de)
Druck: Florjančič Tisk d.o.o., Slowenien
Printed in the EU

ISBN Print 978-3-7474-0117-0

Weitere Informationen zum Verlag finden Sie unter:

www.mvg-verlag.de

Beachten Sie auch unsere weiteren Verlage unter: www.m-vg.de

HEY, LEUTE!

Ich bin sehr stolz auf dich, dass du diesen Schritt gemacht und dir dieses Buch geholt hast. Denn der erste Schritt ist ja meistens der schwerste …

Mit diesem Buch will ich dir zur Seite stehen, wenn es dir mal nicht so gut geht, wenn du dich fragst, was das alles soll, und dir am liebsten die Decke über den Kopf ziehen würdest. Manchmal brauchen wir eben so einen kleinen Stups von außen, um den Knick in der Linse wieder gerade zu biegen.

Allzu oft ist es unsere Umwelt, die uns an uns selbst zweifeln und uns in ein so tiefes Loch fallen lässt, dass wir gar nicht mehr wissen, welcher Gedanke in unserem Kopf der Wahrheit entspricht und welcher völlig realitätsfern ist. Aber vielleicht kannst du der Umwelt ja auch beim nächsten Mal den Rücken kehren, indem du dich einfach auf dich selbst verlässt.

In meinem Leben gab es eine Zeit, da war mir ganz und gar nicht nach Lachen zumute, ich fühlte mich klein, wertlos und allein, überließ es meinen Mitmenschen, mich zu formen und zu beurteilen. Bekam ich ein Lob, ging es mir besser, machte sich jemand über mich lustig, plumpste ich in den seelischen Keller. Ich war ein lebloser Flummi.

Bis ich anfing, über **MEIN** und über **DAS** Leben nachzudenken. Und plötzlich wusste ich, dass ich nicht mehr so passiv weiterleben wollte. Meine wichtigste Entscheidung auf diesem Weg: mich selbst kennenlernen. Denn auf wen, wenn nicht auf mich, kann ich mich verlassen? Und wem, wenn nicht mir, soll ich gefallen? Oder besser gesagt: Auf wen, wenn nicht auf dich, kannst du dich verlassen? Und wem, wenn nicht dir, sollst du gefallen?

Das Leben ist zu kurz, um es anders zu machen und auf die anderen zu hören.

Darum sieh dieses Buch als Chance, dich neu zu verlieben: in dich selbst. Du wirst auf den nächsten Seiten zwar auch mich ziemlich gut kennenlernen, aber vor allem werde ich dich immer wieder dazu ermutigen, auf dich zu schauen, in deiner persönlichen Schatzkiste zu graben, bis du die kostbarste Perle deines Lebens entdeckst: **DICH**.

»SELFIE«: EINIGE FAKTEN

SPITZNAME: »Klaudusia« (O-Ton meiner Mutter)

GEBOREN AM: 12. September 1996 **IN** der polnischen Stadt Siedlce.

EINE FRÜHE ERINNERUNG: Ich habe immer wieder mit einer erfundenen Person telefoniert und mich nachts mit »Hexen« getroffen.

ICH HABE ANGST VOR: Spinnen und Wasser. Darum gehe ich auch nie in die Badewanne, duschen ist mir lieber.

MEIN TRAUMBERUF ALS KIND: Detektivin. Ich war schon immer total neugierig und fand das Leben anderer Menschen superspannend.

MEIN VERSTECKTES TALENT: Ich kann mit den Ohren wackeln.

MEINE FREUNDE: Kann ich an einer Hand abzählen.

WAS ICH MAG: Staubsaugen und an Zeitungen zu riechen.

WAS ICH NICHT MAG: Schwere Türen öffnen. Die muss ich dann so lange anfassen.

MEIN TICK: Ich schlürfe beim Essen. Sorry, liebe Mitmenschen!

WAS ICH MIR NOCH NICHT ABGEWÖHNT HABE: Fingernägel kauen an meinen Händen und Zehen. Psst, frag nicht …

MARKENZEICHEN: Meine Haare. Am liebsten bis zum Bauchnabel.

WAS MICH NERVT: Schreiende Kinder im Zug und Styropor.

WAS ICH GAR NICHT KANN: Singen und Tanzen, würde aber gerne mal Tanzen lernen.

JETZT BIST DU DRAN!

NAME: ______________________________

SPITZNAME: ______________________________

GEBOREN AM: __________ IN ______________________________

MEINE ERSTE ERINNERUNG: ______________________________

ICH HABE ANGST VOR: ______________________________

MEIN TRAUMBERUF ALS KIND: ______________________________

MEIN VERSTECKTES TALENT: ______________________________

MEINE FREUNDE: ______________________________

____

____

WAS ICH MAG: ______________________________

WAS ICH NICHT MAG: ______________________________

____

DEIN MARKENZEICHEN: ______________________________

UND WAS DIR SONST
NOCH WICHTIG IST AN DIR: ______________________________

____

____

Sei mutig und lern dich selbst besser kennen!

1 AUF DER SUCHE NACH MEINER OBERLIPPE

Du kannst dir nicht vorstellen, wie viele Lipglosse ich mir schon gekauft habe, um eine größere Oberlippe zu simulieren. Ständig habe ich mich mit den anderen Mädchen in der Schule verglichen und konnte einfach nicht glauben, dass ich die schmalste Oberlippe von allen hatte. Jedenfalls kam es mir immer so vor.

Als ich dann mit dem Modeln anfing, wollte mich erst keine der Agenturen, bei denen ich mich beworben hatte, aufnehmen. Natürlich bildete ich mir ein, dass denen meine Oberlippe zu schmal sei. Ich fühlte mich total unwohl und konnte nichts anderes mehr denken als: Wenn meine Oberlippe voller wäre, dann wäre alles gut. Also habe ich versucht, meine Lippen größer zu malen und sie auf Bildern zu bearbeiten; vor Castings ging ich sogar so weit, mir Chiliflocken auf die Lippen zu schmieren, um sie größer wirken zu lassen. Es brannte wie Hölle.

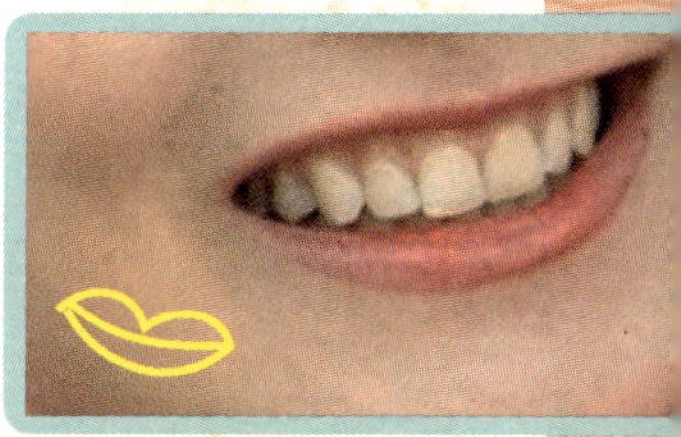

Niemand ist perfekt! Und dennoch vergleichen wir uns immer wieder mit Stars, die wir auf Plakaten, Zeitschriften oder im Fernsehen sehen. In meinem Job muss ich die neuesten Trends kennen, die angesagtesten Supermodels und was sonst noch gerade in ist … Klar, dass ich da nicht ungeschoren davonkomme. Vor allem der Lippentrend zerrt an mir. Volle, schöne Lippen, wo ich auch hinsehe. Sexy in Szene gesetzt mit speziellem Gloss – und das beste Duckface-Selfie wird dann auf Instagram veröffentlicht. Daran ist nichts Verwerfliches, schließlich will sich jeder von seiner schönsten Seite zeigen, aber dieser Lippenhype setzt mir zu. Immer wieder ertappe ich mich bei dem Gedanken: ICH MÖCHTE UNBEDINGT GRÖSSERE LIPPEN, DENN DANN BIN ICH SCHÖN. Zack! Warum bloß wollen wir immer das, was wir nicht haben, lassen uns vielleicht sogar dazu verleiten, per Operation nachzuhelfen? Das ist nicht nur teuer und riskant, sondern auch kein Garant für schöneres Aussehen. Vielleicht passen vollere Lippen ja gar nicht zu mir? Vielleicht sehe ich dann plötzlich künstlich und nichtssagend aus. Und was, wenn kurze Zeit später der »Strenge, schmale Lippen sind megacool«-Trend aufkommt?

Diesem Teufelskreis kannst du entkommen, wenn du kurz innehältst und dich einige Minuten lang auf dich selbst konzentrierst. Eine Art Minimeditation: Außenwelt aus-, Innenschau einschalten. Mir gibt das neue Kraft, um fragwürdige Einflüsse von außen abblitzen zu lassen. Inzwischen finde ich meine Lippenform sogar ziemlich stark, weil sie meinem Gesicht seinen einzigartigen Charakter verleiht. Ebenso wie meine Augenbrauen und meine Nase.

Ich muss wohl nicht extra betonen, dass auch Augenbrauen und Nase ihre Krisenzeiten hatten, oder? Wenn ich alles an mir verändert hätte, was mich zwischendurch genervt hat, ich sähe nicht halb so gut aus wie Frankensteins Tochter.

»SELFIE«

10 DINGE, DIE ICH AN MIR MAG:

1. Dass ich gut zuhören kann.
2. Meinen Humor.
3. Meine Offenheit.
4. Dass ich aus Fehlern lerne.
5. Dass ich weinen kann, wenn ich traurig bin.
6. Ich liebe es, andere glücklich zu machen.
7. Ich spreche Polnisch, Deutsch und Englisch fließend.
8. Dass ich über mich selber lachen kann.
9. Dass ich neue Dinge schnell lernen kann.
10. Dass ich mich gut in andere Menschen hineinversetzen kann.

DIE 3 DINGE, DIE ICH NOCH NIE AN MIR VERSCHÖNERN WOLLTE:

meine Ohren

meine Zähne

meine Beine

Wenn ich merke, dass die Außenwelt beginnt, mich samt meiner Selbstachtung aufzufressen, lege ich eine bewusste Atempause ein, und zwar in Form einer **MINIMEDITATION**.

1. Setze dich auf einen Stuhl, die Füße bequem nebeneinander auf dem Boden.
2. Lege eine Hand flach auf deinen Bauch.
3. Atme tief durch die Nase ein.
4. Fühle, wie sich dein Bauch beim Einatmen ausdehnt, und spüre, wie sich deine Hand mit der Bauchdecke hebt.
5. Beim Ausatmen senkt sich die Hand auf der Bauchdecke; der Bauch zieht sich wieder etwas zusammen.

Wiederhole diese Atemübung so oft, bis du merkst, dass du deine innere Ruhe wiedergefunden hast.

JETZT BIST DU DRAN!

10 DINGE, DIE ICH AN MIR MAG:

1.
2.
3.
4.
5.
6.
7.
8.
9.
10.

Nimm dir Zeit für dich, denn niemand benötigt dich so dringend wie du selbst.

DIE 3 DINGE, DIE ICH NOCH NIE AN MIR »VERSCHÖNERN« WOLLTE:

WENN ICH MERKE, DASS ICH MICH MAL WIEDER ZU SEHR VON MEINER AUSSENWELT BEEINFLUSSEN LASSE, WERDE ICH IN ZUKUNFT FOLGENDES MACHEN:

DIESEN RATSCHLAG WÜRDE ICH MEINEM ZWÖLFJÄHRIGEN ICH GEBEN:

XOXO

DAS BEDEUTET FREIHEIT FÜR MICH:

SIP HAPPENS

DAS BIN ICH, WENN ICH ICH BIN:

Schönheit beginnt in dem Moment, in dem du anfängst, du selbst zu sein.

Coco Chanel

DARAUF BIN ICH STOLZ:

MEINE GRÖSSTEN VORBILDER:

1.
2.
3.

ETWAS, DAS NUR ICH, ABER WIRKLICH NUR ICH KANN:

Smile.

MEINE WOHLFÜHLSPRÜCHE:

HIER EINE LISTE VON LEUTEN MEINES GESCHLECHTS – OB PROMINENT ODER AUS DEM EIGENEN UMFELD, IST EGAL –, DIE NICHT DEM GÄNGIGEN SCHÖNHEITSIDEAL ENTSPRECHEN UND TROTZDEM ANZIEHEND SIND:

1. ____________________
2. ____________________
3. ____________________
4. ____________________
5. ____________________

Vom Mond aus betrachtet, spielt das Ganze gar keine so große Rolle.

WAS MACHT DIESE 5 MENSCHEN SO ANZIEHEND?

______________ macht anziehend:

______________ ist sexy, weil:

______________ wirkt attraktiv, weil:

Das Besondere an ______________ ist:

DIESE 3 DINGE WÜRDE ICH AN MEINEM AUSSEHEN VERÄNDERN, WENN ICH KÖNNTE:

1. ______________________
2. ______________________
3. ______________________

UND JETZT ÜBERLEGE MAL: WER – EGAL, OB PROMINENT ODER AUS DEINEM UMFELD – HAT GENAU DIESEN »MAKEL« UND SIEHT DAMIT FANTASTISCH AUS?

Mit Nummer 1 und dennoch schön:

____

Mit Nummer 2 und dennoch schön:

____

Mit Nummer 3 und dennoch schön:

____

Heute ist ein guter Tag, um einen guten Tag zu haben.

2 ICH BIN FLACHLAND – WAS BIST DU?

In der Grundschule wurde ich oft wegen meiner »zu dicken« Augenbrauen, meinen »zu langen« Haaren und meiner »zu flachen« Brust runtergemacht. Eines Tages, wir hatten gerade Erdkundeunterricht und nahmen die verschiedenen Landschaftstypen durch, drehten sich ein paar Jungs zu mir um und riefen: »Flachland, Flachland!« Tatsächlich war ich das einzige Mädchen in der Klasse mit einer flachen Brust und trug deshalb auch keinen BH. War ja nicht nötig. Den Jungs aber hat es offenbar etwas ausgemacht, und so haben sie sich ständig über mich lustig gemacht. Natürlich habe ich mir meine Traurigkeit nicht anmerken lassen, die habe ich erst zu Hause in meinem Zimmer rausgelassen, so lange, bis ich nicht mehr weinen konnte und nur noch leer gegen die Wand gestarrt habe. Wenn meine Eltern fragten, was denn los sei, antwortete ich: »Schlechter Tag!«, und schon hatte ich wieder meine Ruhe. Was hätte ich auch mit einem »Alles wird gut!« meiner Mutter anfangen sollen?

Schließlich war ich so verunsichert, dass ich kaum noch mit jemandem sprach. Auf dem Gymnasium wurde es noch schlimmer. Dort hatte ich schon bald den Stempel »Emo« weg. Mittlerweile trug ich auch nur noch schwarze Klamotten und einen sehr langen Pony, um mein Gesicht zu verstecken.

Weder bei meinen Eltern noch bei den wenigen Freunden, die ich noch hatte, fand ich den nötigen Rückhalt. Der Schulalltag wurde mehr und mehr zur Qual, der ich mich nicht mehr aussetzen wollte. Deshalb begann ich, meine Entschuldigungen selber zu schreiben und die Unterschrift meiner Mutter zu fälschen. Meine Eltern dachten, ich hätte schulfrei und würde in meinem Zimmer Hausaufgaben machen. Stattdessen suchte ich im Internet den Austausch mit Gleichgesinnten, wobei ich auf sehr düstere Seiten stieß. Ich hörte traurige Musik, ritzte mich und dachte immer öfter darüber nach, wie es wäre, einfach nicht mehr da, nicht mehr am Leben zu sein. So hatten einige doofe Mitschüler-Kommentare aus mir ein 13-jähriges Mädchen gemacht, das an sich (ver)zweifelte.

Gefühlt tausend Nervenzusammenbrüche später merkte ich selber, dass ich so nicht weiterleben wollte, und bat meine Mutter, mit mir zusammen professionelle Hilfe zu suchen. Nachdem wir uns durch zig Psychologen- und Psychiaterpraxen geklingelt hatten, sagte endlich eine Psychologin in Polen zu und bot mir an, mir zu helfen … Hätte ich mich rechtzeitig jemandem anvertraut, hätte ich in diesen Jahren bestimmt mehr zu lachen gehabt. Aber mir war es so unangenehm und peinlich, ein Opfer zu sein, dass ich alles mit mir selbst ausgemacht habe.

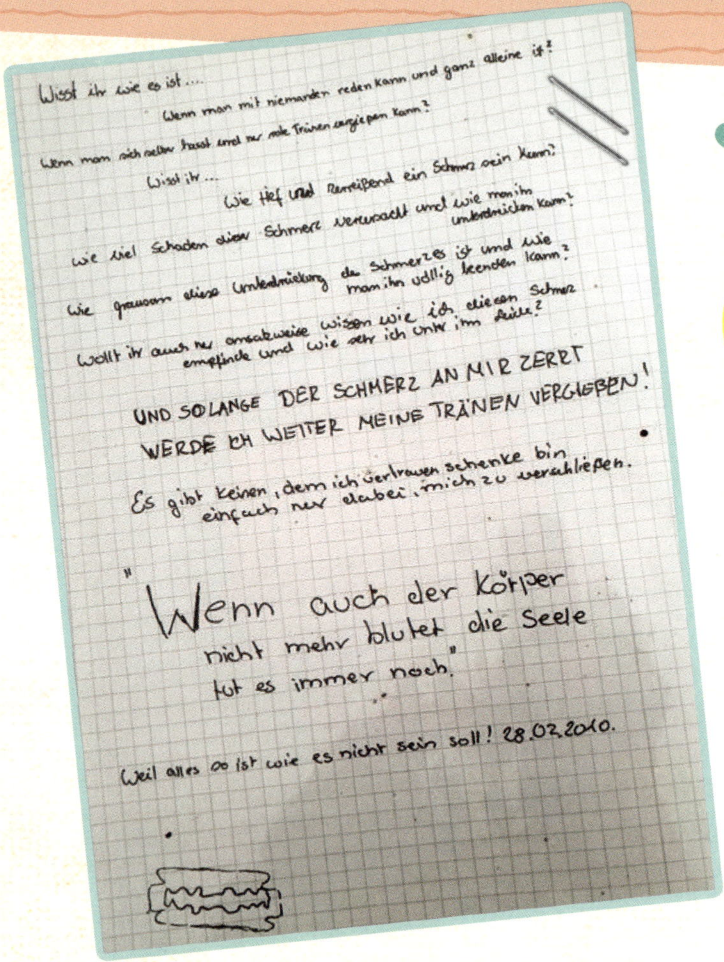
Wisst ihr wie es ist…
Wenn man mit niemanden reden kann und ganz alleine ist?
Wenn man sich selbst hasst und nur noch Tränen vergießen kann?
Wisst ihr…
Wie tief und zerreißend ein Schmerz sein kann?
Wie viel Schaden dieser Schmerz verursacht und wie man ihn unterdrücken kann?
Wie grausam diese Unterdrückung des Schmerzes ist und wie man ihn völlig beenden kann?
Wollt ihr auch nur ansatzweise wissen wie ich diesen Schmerz empfinde und wie sehr ich unter ihm leide?
UND SOLANGE DER SCHMERZ AN MIR ZERRT WERDE ICH WEITER MEINE TRÄNEN VERGIEßEN!
Es gibt keinen, dem ich Vertrauen schenke bin einfach nur dabei, mich zu verschließen.
„Wenn auch der Körper nicht mehr blutet die Seele tut es immer noch."
Weil alles so ist wie es nicht sein soll! 28.02.2010.

Von nun an hatte ich professionelle Hilfe und beschäftigte mich immer häufiger mit Themen, die mich nicht runterzogen, sondern bestärkten. Zum Beispiel sprach ich mit meiner Psychologin über meine Zukunft und meine Pläne. Wir malten einen Strahl auf und setzten bestimmte Punkte. Das half mir, mein Leben zu ordnen und mehr zu verstehen, was der Sinn meines Lebens ist. Das half mir sehr, und immer wenn ich panisch war und nicht genau wusste, wo es für mich hingeht, habe ich mir diesen Strahl in den Kopf gesetzt und über meine zukünftigen

Pläne nachgedacht. Als Ziel setzte ich mir zum Beispiel, dass ich mein Abitur machen möchte und mich nebenbei bei verschiedenen Modelagenturen bewerben werde oder dass ich an einem Tag einfach so gekleidet, wie es mir gefällt, in die Schule gehe, ohne viel nachzudenken, was die anderen über mich denken. Ich sah das Leben größer an und öffnete meine Augen. Mein Leben bestand nicht nur aus irrsinnigen Gedanken in meinem Kopf, sondern aus Plänen und Träumen. Ich wollte Sachen einfach tun und endlich frei leben. Ich gab nicht mehr so viel darauf, was die anderen über mich sagten. Plötzlich fühlte sich das Leben viel leichter an: Ich hatte mir mein Lachen zurückgeholt …

Du kennst das Gefühl, gemobbt zu werden, auch? Oder jemanden, der gemobbt wird? Das Allerwichtigste ist jetzt, dass du dir Hilfe suchst oder gegebenenfalls Hilfe anbietest. Egal, ob du selber gemobbt wirst oder die Situation mitbekommst: Handele! Nichts ist schlimmer, als zu hoffen, dass es schon irgendwann vorbeigehen wird. Denn gemobbt zu werden ist nicht peinlich, sondern gefährlich.

Hol dir dein Lachen zurück!

JETZT BIST DU DRAN!

WENN ICH DAS WORT »MOBBING« HÖRE, GEHEN MIR FOLGENDE GEDANKEN UND BILDER DURCH DEN KOPF:

Lachen ist eine körperliche Übung von großem Wert für die Gesundheit!

Aristoteles, 384–322 v. Chr.

»SPITZNAMEN«, DIE MIR SPASSVÖGEL VERLIEHEN HABEN:

Smile.

WAS MICH HEUTE DAVON ABGEHALTEN HAT ZU LACHEN:

WAS MICH HEUTE ZUM LACHEN GEBRACHT HAT:

K-Tipp

WIE WÄR'S MIT EINEM HAPPY-DAY-TAGEBUCH?
DA SCHREIBST DU ALLES REIN, WAS DICH AM TAG
ZUM LACHEN GEBRACHT UND DIR SPASS GEMACHT HAT.

DAS HAT MICH HEUTE
ZUM LACHEN GEBRACHT:

DAS HAT MICH HEUTE
ZUM LACHEN GEBRACHT:

DAS HAT MICH HEUTE
ZUM LACHEN GEBRACHT:

DAS HAT MICH HEUTE ZUM LACHEN GEBRACHT:

DAS HAT MICH HEUTE ZUM LACHEN GEBRACHT:

DAS HAT MICH HEUTE ZUM LACHEN GEBRACHT:

FÜR DIESE MOMENTE DES HEUTIGEN TAGES BIN ICH DANKBAR:

____

____

____

____

10 LIEDER,
DIE MICH AUF SCHÖNE GEDANKEN BRINGEN:

love

1. ________________________________
2. ________________________________
3. ________________________________
4. ________________________________
5. ________________________________
6. ________________________________
7. ________________________________
8. ________________________________
9. ________________________________
10. ________________________________

Yes!

MEINE GRÖSSTEN TALENTE:

1.

2.

3.

4.

5.

»SELFIE«

WENN ICH DIESE SORGEN UND ÄNGSTE LOSWERDEN KÖNNTE, WÄRE ICH NOCH GLÜCKLICHER:

1. Ich habe Angst, älter zu werden und dann nicht mehr so viele Möglichkeiten zu haben.
2. Ich habe Angst vor Wasser.
3. Manchmal kann ich einfach nicht loslassen und sorge mich um manche Menschen viel zu sehr, obwohl sie schon lange aus meinem Leben getreten sind.
4. Angst vor Spinnen! Ohne die würde ich auch gerne campen gehen ...
5. Ich möchte es gern allen recht machen, was mich selbst verrückt macht. Ohne diese Angst, dass mich jemand nicht mögen könnte, würde es sich einfacher leben.

STAY SIMPLE

JETZT BIST DU DRAN!

DIESE ÄNGSTE HABE ICH ERFOLGREICH ÜBERWUNDEN:

1. ______________________
2. ______________________
3. ______________________
4. ______________________
5. ______________________

KLEINIGKEITEN, DIE MICH FRÖHLICH MACHEN:

1. ______________________
2. ______________________
3. ______________________
4. ______________________
5. ______________________

10 DINGE, DIE ICH SCHON IMMER MAL MACHEN WOLLTE, MICH ABER NICHT GETRAUT HABE:

1. ____________________
2. ____________________
3. ____________________
4. ____________________
5. ____________________
6. ____________________
7. ____________________
8. ____________________
9. ____________________
10. ____________________

10 DINGE, DIE ICH GEMACHT HABE, OBWOHL ICH ANGST DAVOR HATTE:

1. ______________________________
2. ______________________________
3. ______________________________
4. ______________________________
5. ______________________________
6. ______________________________
7. ______________________________
8. ______________________________
9. ______________________________
10. ______________________________

SO SCHÄTZE ICH MICH SELBST EIN:

Kreuze auf einer Skala von 10 (= »Trifft vollkommen zu«) bis 1 (= »Trifft nicht zu«) an, welche Eigenschaften deiner Meinung nach auf dich zutreffen.

	1	2	3	4	5	6	7	8	9	10
ÄNGSTLICHKEIT	○	○	○	○	○	○	○	○	○	○
EMPFINDSAMKEIT	○	○	○	○	○	○	○	○	○	○
FLEISS	○	○	○	○	○	○	○	○	○	○
HUMOR	○	○	○	○	○	○	○	○	○	○
INTELLIGENZ	○	○	○	○	○	○	○	○	○	○
MUT	○	○	○	○	○	○	○	○	○	○
NEUGIERDE	○	○	○	○	○	○	○	○	○	○
POSITIVE EINSTELLUNG	○	○	○	○	○	○	○	○	○	○
RESPEKT	○	○	○	○	○	○	○	○	○	○
ROMANTIK	○	○	○	○	○	○	○	○	○	○
SCHÖNHEIT	○	○	○	○	○	○	○	○	○	○
SELBSTSICHERHEIT	○	○	○	○	○	○	○	○	○	○
UNTERNEHMUNGSLUST	○	○	○	○	○	○	○	○	○	○
VERLETZLICHKEIT	○	○	○	○	○	○	○	○	○	○

SO SCHÄTZEN MICH ANDERE EIN:

Bitte deine Freunde oder deine Familie darum, die Skala auszufüllen. Du wirst überrascht sein, wie weit die eigene Wahrnehmung von der anderer abweicht.

	1	2	3	4	5	6	7	8	9	10
ÄNGSTLICHKEIT	O	O	O	O	O	O	O	O	O	O
EMPFINDSAMKEIT	O	O	O	O	O	O	O	O	O	O
FLEISS	O	O	O	O	O	O	O	O	O	O
HUMOR	O	O	O	O	O	O	O	O	O	O
INTELLIGENZ	O	O	O	O	O	O	O	O	O	O
MUT	O	O	O	O	O	O	O	O	O	O
NEUGIERDE	O	O	O	O	O	O	O	O	O	O
POSITIVE EINSTELLUNG	O	O	O	O	O	O	O	O	O	O
RESPEKT	O	O	O	O	O	O	O	O	O	O
ROMANTIK	O	O	O	O	O	O	O	O	O	O
SCHÖNHEIT	O	O	O	O	O	O	O	O	O	O
SELBSTSICHERHEIT	O	O	O	O	O	O	O	O	O	O
UNTERNEHMUNGSLUST	O	O	O	O	O	O	O	O	O	O
VERLETZLICHKEIT	O	O	O	O	O	O	O	O	O	O

DINGE, DIE MICH NERVEN UND DIE ICH NICHT ÄNDERN KANN:

DINGE, DIE MICH NERVEN UND DIE ICH ÄNDERN KANN:

K-Tipp

WAS DU NICHT ÄNDERN KANNST, NIMM AN: DIESE EIGENSCHAFTEN GEHÖREN GENAUSO ZU DIR WIE DER REST. DU MUSST NICHT PERFEKT SEIN, UM WUNDERVOLL ZU SEIN!

»SELFIE«

DAS MAG ICH AN MIR NICHT:	DAS IST DAS POSITIVE DARAN:
Ich bin so ungeduldig.	Ich bin zielstrebig.
Ich grübele zu viel, vor allem vorm Einschlafen.	Dann und wann komme ich dabei auf gute Ideen für den nächsten Tag.

JETZT BIST DU DRAN!

DAS MAG ICH AN MIR NICHT:	DAS IST DAS POSITIVE DARAN:

Smile.

3 ERFOLGSDRUCK, LEISTUNGSDRUCK, ERWARTUNGSDRUCK? DRUCK RAUS!

Es gibt viele Situationen, die uns überfordern. Auch du hast dich bestimmt schon oft gefragt, wie du die Hausaufgaben schaffen sollst oder wie du das Projekt rechtzeitig fertigkriegst, woher du die Zeit nehmen sollst für deine Familie und deine Freunde und dann noch Sport? Am liebsten wollen wir alles auf einmal erledigen – oder einfach die Decke über den Kopf ziehen, um endlich unsere Ruhe zu haben. Stimmt ja, Erholung muss ja auch noch sein. Sonst ist man irgendwann platt und schafft gar nichts mehr. Der Tag hat nur 24 Stunden, aber wir packen ihn oft so voll, als könnten wir 48 Stunden herausquetschen.

Alles unter einen Hut bekommen zu müssen, ist kein Pappenstiel. Ich weiß, wovon ich schreibe. Mit einmal am Tag ein Foto auf Instagram posten ist's ja leider nicht getan. Dann hätte ich meinen Beruf verfehlt und wäre schnell weg vom Fenster. Stattdessen hechte ich von Termin zu Termin, dabei sollte ich doch in

der gleichen Sekunde das Material für einen Kunden vorbereiten, idealerweise natürlich gut gelaunt bis über beide Ohren, und wenn das Bild dann bearbeitet ist, kommt das kurze Video an die Reihe, während zig E-Mails darauf warten, dass ich sie beantworte. Okay, erledige ich in der U-Bahn, doch Pustekuchen, schließlich will die Schülergruppe aus Bremen Fotos mit mir machen. Und wehe, ich schaue dabei grimmig drein, obwohl mir gleich der Kopf vor lauter Stress platzt, dann erhalte ich garantiert innerhalb von zwei Minuten eine enttäuschte Nachricht, dass ich meine Fans nicht schätze und ignorant bin.

Wisst ihr, was ich am Ende eines solchen Tages mache? Ich lege mein Handy zur Seite und lache vor mich hin. Wäre ja noch schöner, wenn ich mir mein kostbares Leben von Erfolgs-, Erwartungs- und Leistungsdruck vermiesen ließe. Ich habe beschlossen, mich nicht mehr aus der Ruhe bringen zu lassen. Zugegeben, manchmal muss ich mich selbst kneifen, um mich daran zu erinnern, aber der Effekt ist erstaunlich. Mag gerade noch so viel Stress herrschen, ich versuche, die Aufgaben zu sortieren (To-do-Liste) und Ruhe in den Tag zu bringen, egal, wie viele Menschen anrufen und SUPERDRINGEND etwas von mir wissen möchten.

DAS HILFT MIR DABEI:

- zu wissen, was ich schon alles erledigt habe,
- positive Videos und Sprüche.

SO HABE ICH ZUM BEISPIEL FOLGENDE SÄTZE IMMER IN SICHTWEITE, OB AM KÜHLSCHRANK, AUF MEINEM LAPTOP ODER IM HANDY:

Wenn wir bedenken, dass wir alle verrückt sind, ist das Leben erklärt.
Mark Twain

Verbringe nicht die Zeit mit der Suche nach einem Hindernis. Vielleicht ist keines da.
Franz Kafka

Das steht jedem am besten, was ihm am natürlichsten ist.
Cicero

Positive Mind.
Positive Vibes.
Positive Life!

Nicht die Glücklichen sind dankbar. Es sind die Dankbaren, die glücklich sind.
Francis Bacon

Du selbst zu sein in einer Welt, die konstant versucht, dich zu etwas anderem zu machen, ist die größte Leistung.
Ralph Waldo Emerson

Die »Ich brauch' meine Ruhe!«-Methode, auch 4-6-8-Methode genannt, hat mir mein Schwimmlehrer beigebracht, als ich Panik hatte, mit dem Kopf unter Wasser zu gehen.

1. Setze dich aufrecht hin.
2. Lege eine Hand auf deinen Bauch.
3. Nun atmest du tief durch die Nase ein und zählst dabei langsam bis 4.
4. Halte dann kurz die Luft an und zähle dabei bis 6.
5. Anschließend atmest du durch den Mund wieder aus und zählst bis 8.

Ich wiederhole das Ganze fünf bis sechs Mal, atme akuten Stress also einfach weg. Es wirkt. Probier's aus!

K-Tipp

um runterzukommen

Was mir auch hilft, sind Spaziergänge. Dabei versuche ich bewusst, mich nur auf mich zu konzentrieren, heißt zum Beispiel, dass das Handy einfach mal zu Hause bleibt. Wenn dir danach ist, kannst du deinen Partner oder eine Freundin mitnehmen. Manchmal reicht es mir schon, ein paar Runden im Park zu drehen. Habe ich jedoch Kummer, bevorzuge ich es, einen vertrauten Menschen neben mir zu haben, mit dem ich mich austauschen kann und der mich auf andere Gedanken bringt.

Bring Ruhe in deinen Tag!

JETZT BIST DU DRAN!

WARUM MICH NICHT ALLE MÖGEN MÜSSEN:

DAS STRESST MICH GERADE AM MEISTEN:

DAS HILFT MIR BEIM ENTWIRREN UND ENTSPANNEN:

DARÜBER MÖCHTE ICH MICH NIE WIEDER AUFREGEN:

MEIN PERSÖNLICHES »RUHE«-SIGNAL
(MUSS JA KEIN KNEIFEN SEIN):

GOOD VIBES

MEINE WOHLFÜHLORTE:

1.
2.
3.
4.
5.

DAFÜR BIN ICH BESONDERS DANKBAR:

SO SIEHT MEIN PERFEKTER TAG AUS:

VORMITTAG

MITTAG

NACHMITTAG

ABEND

NACHT

»SELFIE«

ABSCHALTEN KANN ICH:

1. ... wenn ich Auto fahre und Radio höre.
2. ... wenn ich Sport mache.
3. ... beim Essen in meinem Bett.
4. ... im Garten meiner Eltern.
5. ... in einem Freizeitpark.

JETZT BIST DU DRAN!

ABSCHALTEN KANN ICH:

1. ______________________________
2. ______________________________
3. ______________________________
4. ______________________________
5. ______________________________

»SELFIE«

ESSEN, DAS MIR GUTTUT:

1. Tofu mit Reis und Currysoße
2. Salat mit Feta-Käse
3. Kartoffeln mit Quark und Butter
4. Suppe aus Kokosmilch und mit Tofu
5. Natürlich Pizza

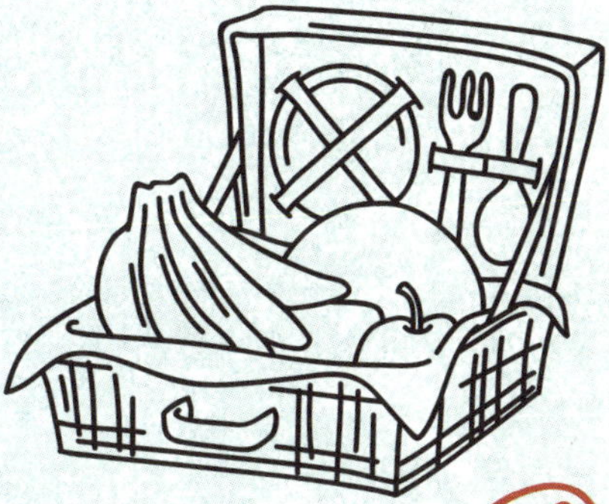

MEIN LIEBLINGSREZEPT:

Ich esse sehr gerne Tofu. Am liebsten brate ich ihn mit verschiedenen Gewürzen an und schmeiße alles mit Kartoffeln oder Reis zusammen. Bei mir muss alles scharf sein, also darf Pfeffer oder Tabasco nicht fehlen. Ganz simpel und lecker.

JETZT BIST DU DRAN!

MEINE WOHLFÜHLREZEPTE:

HIER IST PLATZ FÜR GENUSSFOTOS.

4 VON ZU VIEL »SHOWKOLADE« WIRD MIR SCHLECHT

»Es ist schwierig, allein mit sich selbst zu sein. Da ist es der leichtere Weg, ein paar schöne Bilder zu gucken und sich in der digitalen Welt zu verlieren. Wenn man aber nur noch dafür lebt, den Followern zu zeigen, was man hat und was man macht, wird das Leben zur Show.« Das hat Nico Rosberg in einem Interview mit der DB-Mobil gesagt. Und: Recht hat er. Man fängt an, sein Leben nur noch für die anderen zu leben. Wie auf einer Bühne. HABE GERADE GEIL GEKOCHT. SCHWITZE IN DER SAUNA VOR MICH HIN. KRIEGE HEUTE EINEN NEUEN ZAHN. MEIN KANINCHEN PFEIFT. Mega spannendes Zeugs halt. Also mir wird von zu viel »Showkolade« regelrecht schlecht. Ob auf Instagram, in Zeitschriften oder auf Plakaten – überall makellose Gesichter und Körper. Kein Pickel, kein Speckröllchen, keine Dackelstirn. Warum du nicht so aussiehst? Weil du kein Photoshop-Produkt bist, sondern ein Mensch aus Fleisch und Blut. Ich arbeite nun schon ziemlich lange in der Modelbranche und auf Social Media – und alles, was ich da zu sehen bekomme, sind perfekt gephotoshoppte Bilder. Dazu die Illusion, dass die Leute, denen man folgt, nicht hier auf der Erde mit all ihren Ecken und Kanten, Stolpersteinen und Fallen leben, sondern im Paradies. Es gibt zig Mittel, mit denen man sich und seine Umgebung »schöner« wirken lassen kann: der richtige Winkel, die clevere Haltung,

der optimale Filter, vielleicht noch eine Haarverlängerung. Alles Tricks, um ein #perfektes Foto hinzuzaubern. Es ist also eigentlich total absurd, sich mit etwas zu vergleichen, was es gar nicht gibt. Obwohl ich als Kind auch gerne so stark gewesen wäre wie Pippi Langstrumpf und so schöne, glänzend-schwarze Haare gehabt hätte wie Schneewittchen. Wenn du dir meine Instagram-Seite anguckst, denkst du vielleicht auch: Boah, genial! Sie reist so viel, macht nur tolle Sachen, hat perfekte Haare und so weiter. Aber das ist natürlich nur die Oberfläche. Denn alle Menschen, ob sie nun Klaudia, Klara, Dalai Lama oder David heißen, haben Macken, Makel und Bad Hair Days.

Ich kenne jedenfalls niemanden, der nicht mal über irgendetwas an seinem Aussehen meckert und auf Schnappschüssen herrlich blöd aus der Wäsche gucken kann. Lachen wir also lieber über lustige Schnappschüsse und lassen das Meckern bleiben. Jedes Meckern verdirbt nur unnötig die Laune. Warum preisen wir stattdessen nicht all das, was uns ausmacht, oder – noch besser – genießen einfach den Tag? Ist doch komplett egal, was andere von uns denken. Wir sollten uns so zeigen, wie wir sind. Wir sind keine Roboter, wir alle machen Fehler – und das ist auch gut so, denn:

Perfekt ist langweilig!

JETZT BIST DU DRAN!

WAS MICH EINZIGARTIG MACHT:

DAS IST MEINE INNERE SCHOKOLADENSEITE:

DARUM MÖCHTE ICH NICHT PERFEKT SEIN:

WENN ICH MICH TREFFEN WÜRDE, WÜRDE ICH DENKEN ...

HIER IST PLATZ FÜR EIN FOTO.

ICH UNGESCHMINKT!

MEINE MACKEN:

ICH BLEIBE ICH, WEIL ...

DIE 5 SCHRÄGSTEN, LUSTIGSTEN UND TOLLSTEN MENSCHEN, DENEN ICH IN MEINEM LEBEN BEGEGNET BIN:

1. ____________________
2. ____________________
3. ____________________
4. ____________________
5. ____________________

DIESE 5 WERTE SIND MIR BESONDERS WICHTIG:

1. ____________________
2. ____________________
3. ____________________
4. ____________________
5. ____________________

»SELFIE«

DIE BESTEN ENTSCHEIDUNGEN MEINES LEBENS:

1. Der Umzug von einer kleinen Stadt nach Berlin.
2. Raus aus dem Büro, rein ins Modeln!
3. Ich habe nie aufgegeben, und das hat sich ausgezahlt.
4. Bei GNTM mitzumachen.
5. Meine Haare nicht abzuschneiden oder meine Augenbrauen zu verändern, nur weil andere es so wollten.

JETZT BIST DU DRAN!

DIE BESTEN ENTSCHEIDUNGEN MEINES LEBENS:

1. ....
2. ....
3. ....
4. ....
5. ....

»SELFIE«

WENN ICH MICH ENTSCHEIDEN MÜSSTE:

☐	Geld ↔	Liebe	☒
☒	Optimist/in ↔	Pessimist/in	☐
☒	Kleinwagen ↔	Luxuslimousine	☐
☐	fliegen können ↔	unsichtbar sein	☒
☐	mehr Geld ↔	mehr Zeit	☒
☐	Camping ↔	Hotel	☒
☒	Großstadt ↔	Land	☐
☐	Kaffee ↔	Tee	☒
☐	Badewanne ↔	Dusche	☒
☐	Weg ↔	Ziel	☒
☒	Ketchup ↔	Mayonnaise	☐
☒	Apfel ↔	Birne	☐
☐	Aufzug ↔	Treppe	☒
☒	helle Schokolade ↔	dunkle Schokolade	☐
☐	Vorspeise ↔	Nachspeise	☒
☐	schön ↔	schlau	☒
☒	Buch ↔	E-Book	☐
☐	Berge ↔	Meer	☒

JETZT BIST DU DRAN!

WENN ICH MICH ENTSCHEIDEN MÜSSTE:

☐ Geld	Liebe ☐
☐ Optimist/in	Pessimist/in ☐
☐ Kleinwagen	Luxuslimousine ☐
☐ fliegen können	unsichtbar sein ☐
☐ mehr Geld	mehr Zeit ☐
☐ Camping	Hotel ☐
☐ Großstadt	Land ☐
☐ Kaffee	Tee ☐
☐ Badewanne	Dusche ☐
☐ Weg	Ziel ☐
☐ Ketchup	Mayonnaise ☐
☐ Apfel	Birne ☐
☐ Aufzug	Treppe ☐
☐ helle Schokolade	dunkle Schokolade ☐
☐ Vorspeise	Nachspeise ☐
☐ schön	schlau ☐
☐ Buch	E-Book ☐
☐ Berge	Meer ☐

Reisen macht mich total glücklich. Als ich jünger war, hatte ich immer Angst, an einen anderen Ort zu verreisen. Ich habe geweint und wollte mit meinen Eltern gar nicht in den Urlaub. Auch als eine Klassenfahrt geplant war, habe ich lieber die Woche in der Schule verbracht, als mit meinen Klassenkameraden weg zu sein und Spaß zu haben. Das hat sich tatsächlich erst später gelegt, als ich offener wurde. Jetzt bin ich fast nur noch unterwegs. Meinen Job kann ich eben nicht nur in Berlin ausüben … Manchmal kann ich leider keine Begleitperson mitnehmen und muss dann allein im Hotelzimmer sein, was mich schon ab und zu traurig macht, da ich lieber Gesellschaft habe, aber im Großen und Ganzen genieße ich es, andere Orte zu entdecken. Ich ziehe daraus meine Energie, um weiterzumachen und gut in meinem Job zu sein. Auch meinen Urlaub plane ich mit vollem Elan. Ich liebe es, neue Menschen kennenzulernen, andere Kulturen zu sehen und ab und zu neue Wörter in einer ganz fremden Sprache zu lernen. Später würde ich gerne an einen warmen Ort ziehen. Ich bin nämlich sehr sensibel, was das Wetter angeht. Eine waschechte Frostbeule. Von mir aus könnten jeden Tag 40 Grad sein. Ich hätte immer genug Wasser dabei und wäre die ganze Zeit in der Sonne.

»SELFIE«

DIE FÜNF TOLLSTEN REISEN, DIE ICH JE GEMACHT HABE, UND WAS MIR BESONDERS GUT DABEI GEFALLEN HAT:

1. Zu meiner Oma nach Polen. Ich nehme mir jedes Jahr im Sommer und, wenn es klappt, auch im Herbst, Urlaub, um meine Oma zu besuchen. Es ist kein weiter Weg und auch kein wahnsinnig abenteuerlicher Urlaub, aber ich helfe ihr gerne im Haushalt und mag es, sie einfach zu überraschen. Meist weiß sie nämlich gar nicht, dass ich komme.
2. Dubai. Schon als kleines Mädchen habe ich davon geträumt, mal nach Dubai zu fliegen – und 2019 habe ich es endlich geschafft. Das Erlebnis war großartig, allein, weil es dort so anders ist als hier in Deutschland. Das hat mich total beeindruckt.
3. Italien. Das erste Mal war ich mit meinen Eltern in Italien. Sofort habe ich mich in dieses Land verliebt. Die Menschen sind sehr herzlich, die Landschaften wunderschön.
4. USA/Los Angeles. Dort begannen 2018 die Dreharbeiten zu GNTM. Diese Zeit hat mein Leben verändert.
5. England/London. Ich mag das Wetter dort zwar überhaupt nicht, aber was es in England alles zu entdecken gibt, ist crazy.

JETZT BIST DU DRAN!

DIE 5 TOLLSTEN REISEN, DIE ICH JE GEMACHT HABE, UND WAS MIR BESONDERS GUT DABEI GEFALLEN HAT:

1. ______________________________

____

____

2. ______________________________

____

____

3. ______________________________

____

____

4. ______________________________

____

____

Smile.

5. ______________________________

____

____

ORTE, DIE ICH GERNE MAL BEREISEN MÖCHTE:

1. ______________________________
2. ______________________________
3. ______________________________
4. ______________________________
5. ______________________________

5 DINGE, DIE ICH IM URLAUB GERN EINMAL MACHEN MÖCHTE:

1. ______________________________
2. ______________________________
3. ______________________________
4. ______________________________
5. ______________________________

FREUNDE, MIT DENEN ICH GERN IN DEN URLAUB FAHREN MÖCHTE:

MEIN LIEBLINGSESSEN AUS DEM LETZTEN URLAUB:

MEIN SCHÖNSTES REISEFOTO:

5 CHEERS AUF ECHTE FREUNDE!

Freunde sind ein wichtiger Teil unseres Lebens. Die echten begleiten uns jahrzehntelang; den falschen sollte man so schnell wie möglich den Laufpass geben. Als ich in die Schule kam, fing ich an, »Freunde« regelrecht zu sammeln. Es fing damit an, dass ich viele Leute von meiner Schule auf Internetplattformen angeschrieben habe, um sicherzugehen, dass ich nicht allein sein werde. Auch als ich von der Grundschule auf das Gymnasium wechselte, versuchte ich dauernd, mich mit allen zu verstehen. Allerdings waren die meisten vermeintlichen Freunde schon nach einem Jahr wieder Schnee von gestern. Nur mit einem Mädchen bin ich tatsächlich noch heute befreundet. Das ist so eine wertvolle Freundschaft, die hält. Wenn ich es recht bedenke, war diese Freundin auch meine erste echte Freundin. Heute treffen wir uns natürlich nicht mehr so oft wie damals, da wir beide viel um die Ohren haben, aber wenn wir uns treffen, fühlt es sich sofort so vertraut an, als hätten wir uns seit damals jeden Tag gesehen.

Damals hatte ich Freunde in der Schule und auf Social Media. Jeden, der nett zu mir war und mit dem ich schon länger Kontakt hatte, habe ich als Freund bezeichnet. Irgendwann merkte ich allerdings, dass ich einigen von denen ziemlich egal war. Wenn ich schlechte Laune hatte, hat sie das gar nicht interessiert. Sie haben mich sogar damit aufgezogen, dass ich immer schlecht gelaunt sei und dass es doch keinen Sinn mache, was ich mir für Gedanken mache. Prompt hatte ich Schuldgefühle gegenüber meinen sogenannten Freunden. Es flossen Tränen, und trotzdem habe ich mich für alles Mögliche entschuldigt, nur um dazuzugehören. Ich habe mir förmlich ein Bein ausgerissen – Hauptsache, dass dieser oder jene mich wieder mochte. Dafür musste ich diesen Menschen nicht mal richtig gut kennen. Mir war es einfach wichtig, möglichst viele »Freunde« zu haben. Nach dem Motto: Je mehr Freunde ich habe, desto beliebter bin ich. Wieder so ein fieser Teufelskreis …

Es dauerte, bis ich verstand, was Freundschaft wirklich ausmacht, bis ich ein Gespür dafür entwickelte, dass Freundschaft auf gegenseitigem Vertrauen beruht. Nach so vielen Enttäuschungen war es allerdings schwer für mich, wieder zu vertrauen. Ich hatte so oft das Gefühl gehabt, nicht ernst genommen und sogar ausgenutzt zu werden. So sehr sehnte ich mich nach einer besten Freundin, dass ich sogar die Mädchen beneidete, die seit der ersten Klasse eine beste Freundin hatten. Sie konnten ihr alles anvertrauen, über alles reden und sich gegenseitig aufmuntern. Genau das ist es, was eine gute Freundschaft ausmacht. Man redet miteinander über das, was einen belastet, hört einander zu, hat in dem oder der anderen eine Stütze, die einem zur Seite steht. Wenn man jemanden zum Reden hat, ziehen einen düstere Gedanken nicht so schnell in ein schwarzes Loch.

In meiner Zeit auf dem Gymnasium musste ich schmerzhaft erfahren, wohin falsche Freundschaft führen kann. Dabei spielt Neid oft eine große Rolle, denn wo Neid ist – ich finde das altmodische Wort »Missgunst« sogar noch passender –, kann kein Vertrauen und somit auch keine Freundschaft wachsen. Freunde gönnen und bestärken einander. Da hat der zerstörerische Neid keinen Platz. Wenn dir jemand einfach nicht guttut, ist es schlauer, einen Schlussstrich zu ziehen, als einander das Leben unnötig schwer zu machen. Viel lieber verbringe ich meine Zeit mit Menschen, die mir etwas bedeuten, bei denen ich mich wohlfühle, mit denen ich lachen und, wenn nötig, auch mal weinen kann, die mir einen Spiegel vorhalten, ohne mich zu verletzen. Mit Menschen, die mich genau so mögen, wie ich bin.

Lieber eine Handvoll echte Freunde als tausend unechte.

DAS IST MEIN BESTER FREUND,

MEIN LEBENSPARTNER, MEIN ARBEITSKOLLEGE, DER BESTE ZUHÖRER, MEIN PSYCHOLOGE, DER BESTE ZAUBERKÜNSTLER UND UND UND. ICH KÖNNTE NOCH ALLES MÖGLICHE AUFZÄHLEN, WAS ER FÜR MICH IST, ABER DANN WERDE ICH NIE FERTIG. :-)

XOXO

Yes!

JETZT BIST DU DRAN!

MENSCHEN, MIT DENEN ICH MICH WOHLFÜHLE:

____

____

____

»FREUNDE«, DIE MIR NICHT GUTTUN:

____

____

____

DARUM IST ____________ MEINE FREUNDIN:

____

____

____

DARUM IST ____________ MEIN FREUND:

____

____

____

K-Tipp

WENN ICH JEMAND ANDERS WÄR' WÄRE ICH SO FROH, MICH ALS FREUND/IN ZU HABEN, WEIL:

- ☐ ich andere zum Lachen bringe.
- ☐ gut zuhören kann.
- ☐ immer für alle da bin.
- ☐ für jede Verrücktheit zu haben bin.
- ☐ einem vor mir nichts peinlich sein muss.

Loslassen!

MEINE FREUNDE UND ICH:

HIER IST PLATZ FÜR EIN PAAR FOTOS!

DAS BEDEUTET FREUNDSCHAFT FÜR MICH:

XOXO

DINGE, DIE MIR IN EINER FREUNDSCHAFT WICHTIG SIND:

DAS SCHÄTZEN MEINE FREUNDE AN MIR:

1.
2.
3.
4.
5.

Familie bedeutet mir einfach alles. Mit Familie meine ich hauptsächlich meine Eltern, meine Großeltern und meinen Freund. Sie sind immer da, wenn ich sie brauche, und auch andersrum. Es ist sehr schön zu wissen, dass man jemanden hat, der einem den Rücken stärkt. Meine Eltern waren nicht von jeder meiner Entscheidungen angetan, dennoch haben sie mich unterstützt und immer an mich geglaubt. Dafür bin ich sehr dankbar.

Wenn du liebst, was du hast, hast du alles, was du brauchst.

DAS SCHÄTZT MEINE FAMILIE AN MIR:

1.

2.

3.

4.

5.

»SELFIE«

MEINE FREUNDE WÜRDEN MICH SO BESCHREIBEN:

- [ ] aktiv
- [x] anpassungsfähig
- [x] aufrecht
- [ ] ausgeglichen
- [ ] bescheiden
- [ ] demütig
- [x] ehrgeizig
- [x] ehrlich
- [x] fleißig
- [x] flexibel
- [x] freundlich
- [x] friedliebend
- [ ] geduldig
- [x] gerecht
- [x] hilfsbereit
- [ ] intelligent
- [x] kommunikativ
- [x] liebevoll
- [ ] mutig
- [x] nett
- [ ] ordentlich
- [x] respektvoll
- [x] selbstbewusst
- [x] sensibel
- [ ] sorgfältig
- [x] sympathisch
- [x] verantwortungsbewusst
- [x] verlässlich
- [x] vernünftig
- [x] warmherzig
- [x] witzig
- [x] zielbewusst

JETZT BIST DU DRAN!

MEINE FREUNDE WÜRDEN MICH SO BESCHREIBEN:

☐ aktiv
☐ anpassungsfähig
☐ aufrecht
☐ ausgeglichen
☐ bescheiden
☐ demütig
☐ ehrgeizig
☐ ehrlich
☐ fleißig
☐ flexibel
☐ freundlich
☐ friedliebend
☐ geduldig
☐ gerecht
☐ hilfsbereit
☐ intelligent
☐ kommunikativ
☐ liebevoll
☐ mutig
☐ nett
☐ ordentlich
☐ respektvoll
☐ selbstbewusst
☐ sensibel
☐ sorgfältig
☐ sympathisch
☐ verantwortungsbewusst
☐ verlässlich
☐ vernünftig
☐ warmherzig
☐ witzig
☐ zielbewusst

6 ... UND ES KOMMT DOCH ANDERS, ALS MAN DENKT

Wenn ich einen Freizeitpark besuche, wird mir in den ersten 20 Minuten immer ganz komisch. Ich frage mich, warum ich überhaupt hergekommen bin. Am liebsten würde ich gleich wieder umkehren. Dann lasse ich mich aber doch immer wieder von meinen Freunden überzeugen, in so eine fiese Achterbahn zu steigen. Sobald ich drin sitze, stelle ich mir das Schlimmste vor – bis es wirklich losgeht ... Ist die Achterbahnfahrt schließlich vorbei, wundere ich mich jedes Mal: »Waaas? Schooon?«, und stelle mich sofort wieder an.

Auch mein Leben gleicht so einer Achterbahnfahrt: Am Anfang hat es mir oft Angst gemacht. Jetzt aber stecke ich mittendrin. Es geht bergauf und bergab, zum Glück aber immer auch wieder raus aus dem Tal. Mal pure Lebensfreude, mal ein aufgeregtes Kribbeln

im Bauch, mal ängstliches Herzklopfen vor lauter Zukunftsfragen, dann wieder Lebensfreude pur. Bei alledem bin ich voller Pläne. Ich möchte wachsen und lernen und nie damit aufhören. Ständig entstehen neue Berufe, wer weiß, vielleicht gibt es meinen Job, den ich später mal machen werde, jetzt noch gar nicht. Ich bin jedenfalls offen für alles, was da kommen mag, könnte mir sogar vorstellen auszuwandern. Nach Amerika, Asien, Afrika ... Das wird sich zeigen. Auf alle Fälle will ich so viel wie möglich erleben, um später nichts zu bereuen. Pläne zu schmieden motiviert mich; es fühlt sich einfach lebendig an, mit Ideen und Möglichkeiten zu jonglieren, obwohl es vermutlich ganz anders kommen wird, als ich es mir heute ausmale. Früher wollte ich Detektivin werden, weil ich das Leben anderer Menschen so spannend fand; jetzt arbeite ich als Model und Moderatorin. Und aus der Möchtegern-Detektivin ist eine gute Zuhörerin geworden. Wer weiß schon, wie mein Leben und ich in zehn oder 20 Jahren aussehen werden? Bis vor Kurzem konnte ich mir nicht vorstellen, jemals Kinder zu bekommen, und jetzt sieht es schon ganz anders aus. Mein Freund und ich sprechen fast täglich darüber. Natürlich noch mit einem Lachen. Halbspaßernst eben. Erst mal sind wir auf der Suche nach einem größeren Zuhause. Wir möchten Haustiere haben und einen Garten.

Vor einem Jahr wäre das alles für mich noch undenkbar gewesen, ich hatte andere Sachen im Kopf. Ein Haus? Nein, zu viel Arbeit. Kinder? Die nerven doch nur. Und Haustiere? Die machen Schmutz.

Äußere Dinge können sich jederzeit um 180 Grad wenden, doch da ist etwas in uns, das bleibt. So eine Art innere Heimat, die es zu hegen und zu pflegen gilt. Wenn wir ständig an uns herumkritisieren, uns womöglich selbst beschimpfen und bestrafen, mehr auf andere schauen als auf uns, trampeln wir auf ihr herum, bis sie völlig platt ist. Viel schlauer ist es, die innere Heimat mit wohlwollenden Gedanken zu verwöhnen und sie mit Plänen und Träumen zu düngen. Und dann lass dich überraschen, was dabei herauskommt!

Als ich damals gemobbt wurde, dachte ich auch nicht, dass ich jemals wieder aus diesem tiefen Loch herausklettern und eines Tages sogar eine Inspiration für andere sein werde. Diese Erfahrung hat mich verändert, mir das Vertrauen in mich selbst und damit in das Leben zurückgegeben.

Das Leben ist wie eine Achterbahnfahrt: Mal wird dir schlecht, mal willst du gleich noch mal fahren.

JETZT BIST DU DRAN!

SO MALE ICH MIR MEINE ZUKUNFT AUS:

In (gemalten, fotografierten oder ausgeschnittenen) Bildern:

IN STICHWORTEN ODER ALS STORY:

DAMIT HAT MICH DAS LEBEN SCHON POSITIV ÜBERRASCHT:

GROSSE ÜBERRASCHUNGEN

KLEINE ÜBERRASCHUNGEN

DARAUF BIN ICH GESPANNT:

Smile.

MEINE BUCKET LIST:

1.
2.
3.
4.
5.
6.
7.
8.
9.
10.

»SELFIE«

DIE SCHÖNSTEN GESCHENKE, DIE ICH JEMALS BEKOMMEN HABE:

Das schönste Geschenk, das ich mir selbst gemacht habe, war, dass ich selbstständig ausgezogen bin in eine Großstadt. Das hat mich und mein Leben sehr positiv verändert. Ich habe mich unglaublich weiterentwickelt, habe mich neu gefunden und konnte dann so richtig durchstarten und das machen, wovon ich die ganze Zeit geträumt hatte: MODELN.

JETZT BIST DU DRAN!

DIE SCHÖNSTEN GESCHENKE, DIE ICH JEMALS BEKOMMEN HABE:

NACHRICHT AN MEIN ZUKÜNFTIGES ICH:

SO MÖCHTE ICH IN ERINNERUNG BLEIBEN:

K-Tipp

UND NICHT VERGESSEN, LEUTE:

LEBEN IST IMMER JETZT!